EL LIBRO DE RECI
DIETA MEDITER......EA

50 recetas fáciles y deliciosas
para descubrir los secretos
mediterráneos para la salud y la
pérdida de peso

JOAQUIN CADIZ

TABLA DE CONTENIDOS

INTRODUCCIÓN

La dieta mediterránea se basa en una antigua tradición culinaria, que ha tenido siglos para demostrar sus efectos beneficiosos. Pero la modernidad ha hecho que nuestros hábitos nutricionales sean cada vez menos óptimos. Es común que la dieta se base en alimentos procesados y artificiales, ricos en sustancias grasas, proteínas y carbohidratos refinados.

Los alimentos procedentes de la agricultura de la zona mediterránea (especialmente Italia y España) son la base de la dieta mediterránea para adelgazar. Las grasas saturadas nocivas son reemplazadas por grasas monoinsaturadas (ácidos grasos monoinsaturados), que se encuentran en el aceite de oliva y los frutos secos, cuyo aporte nutricional a tu organismo es mucho mayor. La base de los platos de la dieta mediterránea son los cereales y las verduras, y la carne y el pescado sirven de acompañamiento. Además, la dieta mediterránea te incita a consumir siempre verduras y hierbas de temporada, lo que hará que tu dieta sea aún más saludable y natural.

Las propiedades y beneficios de la dieta mediterránea son tantas y tan variadas que incluso ha sido reconocida por la UNESCO, al incluirla en la "Lista Representativa del Patrimonio Cultural Inmaterial de la Humanidad" ya que mejoran la salud y previenen diversas enfermedades. Con la dieta mediterránea cambiarás por completo tu estilo de vida por uno mucho más saludable. Cuando comiences a seguir la dieta mediterránea, será parte de tus menús de adelgazamiento y ya no querrás dejarla. Verás como tienes cenas dietéticas ideales para adelgazar y sentirte más ligero y en forma.

Se la conoce como un tipo de dieta creada a partir de hábitos saludables que combina ejercicios físicos con un patrón de alimentación con múltiples beneficios para la salud. Esta dieta se creó en base a los hábitos de consumo de las poblaciones del Mar Mediterráneo, de ahí su nombre. Se caracteriza por ser una de las dietas más saludables y equilibradas ya que incluye una amplia variedad de alimentos que ofrecen diferentes productos frescos en temporadas específicas.

Más que ser una dieta, son hábitos que se pueden mantener con el paso del tiempo, manteniéndolo así como un estilo de vida. Por ejemplo, uno de los grandes beneficios de esta dieta es la capacidad de reducir el riesgo de desarrollar enfermedades cardiovasculares como infartos y accidentes cerebrovasculares. Además de ayudar a adelgazar, también disminuye la presión arterial, disminuye los niveles de glucosa en sangre y previene alteraciones que influyen en los factores de riesgo para el corazón. Sumado a esto, su gran contribución al mejor funcionamiento gastrointestinal también incluye una gran cantidad de vitaminas y antioxidantes de sus alimentos que ayudan a prevenir enfermedades y virus, retardando el proceso de envejecimiento.

Los alimentos permitidos en esta dieta incluyen verduras, frutas secas y frescas, pescado, aves, cereales integrales, leche descremada, yogur y aceite de oliva. Además, de vez en cuando se recomiendan tanto huevos como carnes rojas. La comida cruda fresca es el principal atractivo de esta dieta; sus principales métodos de cocción a la plancha y al horno. Las ensaladas también son platos comunes y los postres deben basarse en frutas mixtas. Los aderezos naturales también son importantes en este hábito alimenticio, ya que el ajo y la cebolla son clave para dar sabor de forma natural, al igual que las hierbas frescas como el perejil, el orégano y la albahaca.

En cuanto a los líquidos, el agua y el vino son los más ingeridos. Sin embargo, el café y el té se pueden consumir en cantidades muy pequeñas. Los alimentos que se deben evitar al practicar esta dieta son los excesos de carnes rojas y alimentos procesados, ni alimentos congelados y enlatados que contengan químicos. Además, también deben evitarse las mollejas, las harinas refinadas, las bebidas azucaradas y los aceites que no sean de oliva.

RECETAS DE DIETA MEDITERRANEA

1. Bulgur con verduras

PRODUCTOS NECESARIOS

- bulgur - 1 cucharadita, lavado y escurrido
- cebolla - 1 cabeza mediana
- ajo - 3 dientes grandes
- pimientos - 1 rojo grande
- zanahorias - 1 pieza
- aceite de oliva - 5-6 cucharadas.
- puré de pimienta - 2 cucharadas. tal vez un tomate

- agua - 1 y 3/4 cucharaditas. caliente
- pimiento rojo - 1 cucharadita. un poco enojado
- comino - 1 cucharadita
- pimienta negra molida al gusto
- sal al gusto

MÉTODO DE PREPARACIÓN

1. Calentar aceite de oliva y sofreír la cebolla finamente picada a fuego alto hasta que esté ligeramente dorada.
2. Luego agregue el ajo, cortado en rodajas y pimientos y zanahorias pelados y cortados en cubitos.
3. Deje que las verduras hiervan a fuego lento hasta que estén suaves y agregue el bulgur. Mezclar bien y verter el puré de pimientos.
4. Después de remover un poco más, agrega el agua y deja que el bulgur hierva a fuego lento hasta que esté listo. Una vez que se hinche, agregue las especias y revuelva nuevamente.
5. Deje hervir a fuego lento bajo una tapa y sirva el bulgur con verduras en un plato espolvoreado con perejil picado.

2. Sopa de champiñones con verduras y bulgur

PRODUCTOS NECESARIOS

- champiñones - 1 cucharadita limpia y picada
- cebolla - 1 pieza
- pimientos - 4-5 piezas rojo
- zanahorias - 1 pieza
- curry - seco, mixto
- Sol
- pimienta
- salado - seco
- bulgur - 2-3 cucharadas.
- tomates - 1 pieza
- albahaca - hojas frescas

- aceite - 3 cucharadas

MÉTODO DE PREPARACIÓN

1. En un cazo vierta el aceite (3 cucharadas) y póngalo a cocer los champiñones frescos picados (1 cucharadita). Cebollas (1 ud.) Blancas y picadas finamente. Agregue a los champiñones. También ponemos limpios de tallos y semillas, cortados en trozos de pimientos rojos (4-5 uds.).

2. Agregue zanahorias limpias y picadas (1 ud.). Vierta un poco de agua y cocine por unos minutos, revolviendo. Espolvorea con curry, sal, pimienta y ajedrea al gusto. Vierta unos vasos de agua tibia y cocine la sopa de champiñones hasta que las verduras se ablanden.

3. A continuación, añadir bulgur lavado en unas aguas (2-3 cucharadas) y tomates rallados o pelados finamente picados (1 ud.).

4. Continúe cocinando la sopa hasta que el bulgur y los tomates estén cocidos. Antes de retirar la sartén del fuego, agregue hojas de albahaca fresca picadas a nuestra sopa de champiñones con verduras y bulgur.

3. Focaccia con harina de garbanzo

PRODUCTOS NECESARIOS

- harina - 300 g de garbanzos
- sal - 1 cucharadita.
- aceite de oliva - 2 cucharadas + para lubricación
- albahaca - 1 cucharada picado muy fino
- aceitunas - 5-6, cortadas en tiras
- mar sal - para espolvorear

MÉTODO DE PREPARACIÓN

1. En un pozo en medio de la harina tamizada, agregue sal y aceite de oliva. Agregando un poco de agua tibia (unos 200 ml), revuelva hasta obtener una mezcla fina y pegajosa.

2. Transfiera a un tazón engrasado, cubra con una toalla y deje reposar durante aproximadamente 6 horas.

3. Retirar la masa sobre una superficie enharinada, mezclar ligeramente con las aceitunas y la albahaca hasta que se distribuyan. Vierta la mezcla en una sartén engrasada, haga hendiduras con los dedos engrasados y espolvoree con sal gruesa.

4. Poner la focaccia con harina de garbanzo a hornear hasta que esté lista en un horno moderadamente caliente.

4. Langostinos en mantequilla con vino blanco

PRODUCTOS NECESARIOS

- langostinos tigre - 250 g
- mantequilla - 75 g
- vino blanco - 3 cucharadas.
- ajo - 3 dientes
- pimienta negra - 1 pizca
- sal - 1 pizca
- limones - 1 pieza, jugo exprimido

MÉTODO DE PREPARACIÓN

1. Limpiamos y lavamos los camarones. Hierva el agua junto con una pizca de sal.
2. Blanquear los camarones durante 15 minutos y sacarlos.
3. Derretir la mantequilla en una sartén y agregar los camarones. Agrega el jugo de limón.
4. Freír durante 5 minutos, sazonar con pimienta negra y ajo machacado. Vierta el vino y déjelo hervir a fuego lento hasta que esté dorado.

5. Calabacín escaldado

PRODUCTOS NECESARIOS

- calabacín - 2-3 piezas
- aceite de oliva - 100 ml
- tomillo - 1/2 cucharadita.
- orégano - 1/2 cucharadita
- sol
- pimienta negra - al gusto

MÉTODO DE PREPARACIÓN

1. Lava el calabacín y córtalo en círculos.

2. Hierva el agua en una cacerola y remoje los calabacines durante 30 segundos hasta que se ablanden un poco.
3. Escurrir y colocar en un plato grande.
4. Mezclar aceite de oliva con tomillo orégano y verter el calabacín escaldado.
5. Espolvoree con sal y pimienta y sirva.

6. Ensalada de tomate y aderezo de miel

PRODUCTOS NECESARIOS

- lechuga - 1 pieza pequeño
- tomates - 2 piezas
- pepinos - 1 pieza
- aceitunas - 15 piezas
- cebolla - 1 cabeza, tal vez roja

PARA EL ALIÑO

- miel - 1 cucharada. líquido
- mostaza - 1 cucharadita
- aceite de oliva - 4-5 cucharadas.

- vinagre - 1-2 cucharadas.
- sal al gusto

MÉTODO DE PREPARACIÓN

1. Pelar las verduras, picar la lechuga en un bol, agregar las rodajas finas cebolla y la rebanada tomate y pepino.
2. Agregue las aceitunas sin hueso y revuelva suavemente.
3. Batir todos los ingredientes del aderezo, finalmente añadir aceite de oliva y batir bien. Rocíe la ensalada con el aderezo y sirva.

7. Queso de cabra al horno

PRODUCTOS NECESARIOS

- queso de cabra - 120 g
- aceite de oliva - 1 cucharada
- pimiento rojo - 1/2 cucharadita.
- tomates - 1 pieza

MÉTODO DE PREPARACIÓN

1. Vierta un poco de aceite de oliva en el fondo de una sartén o sartén en la que se horneará el queso.
2. Del queso cortar un plato o una rebanada y poner en una sartén engrasada.

3. Espolvoreamos el queso con pimentón y un poco más de aceite de oliva.
4. El tomate también se corta en rodajas, que se disponen encima y a los lados del queso de cabra.
5. Coloque en el horno y hornee a 200 grados hasta que esté suave y los bordes de los tomates comiencen a dorarse.
6. El queso horneado se consume aún caliente y es un aperitivo ideal para el vino tinto.

8. Camarones crujientes empanizados con salsa de ajo

PRODUCTOS NECESARIOS

- camarones - 500 g sin pelar
- pimienta negra - 2 pizcas
- sal - 2 pizcas + más para la salsa
- limones - 1 pieza
- huevos - 2 piezas grande
- mayonesa - 10 cucharadas.
- ajo - 2 dientes
- pimienta de cayena - 2 pimientos secos
- harina de maíz - para enrollar

- Aceite para freír

MÉTODO DE PREPARACIÓN

1. Pelar los camarones, primero arrancando las cabezas, luego las patas y finalmente la piel. Si son más grandes, elimine el nervio que atraviesa el cuerpo del marisco. Esto se hace muy fácilmente con un palillo y un ligero tirón.
2. Sal de la cola, porque te será más fácil planificar.
3. Asegúrese de guardar las cabezas y cáscaras retiradas para hervir con ellas un caldo increíblemente sabroso que puede usar para varios platos de pescado.
4. Rallar la cáscara de medio limón en un rallador fino para cítricos. Exprime el jugo.
5. Salar los camarones pelados y espolvorear con pimienta negra y ralladura fina de limón. Revuelva bien para que tenga un buen sabor.
6. En dos cuencos separados, prepara los huevos batidos con una pizca de sal y harina de maíz. Luego, para que quede aún más crujiente, puedes mezclarlo con pan rallado.

9. Pimientos picantes marinados con queso

PRODUCTOS NECESARIOS

- pimientos picantes - alrededor de 10 piezas
- queso - 50 g
- queso crema - 50 g
- ajo - 1 diente
- eneldo - 1/2 conexión
- aceite de oliva - 1 cucharadita
- sal - 1/2 cucharadita.
- azúcar - 1 cucharada.
- vinagre - 1 cucharadita

MÉTODO DE PREPARACIÓN

1. Lava los pimientos picantes. Puede usar todo tipo y colores: pescado, cambium, manzanas, la elección es suya.
2. Si lo desea, puede mezclar varios tipos.
3. Los pimientos picantes seleccionados se limpian del tallo y se separan sus semillas. Secalos.
4. En un bol, mezcle el queso crema y el queso de vaca.
5. Con una cuchara, rellene bien los pimientos.
6. Colóquelos en un frasco o póngalos en un tazón.
7. Para la marinada, mezcle el azúcar, la sal y el aceite de oliva. Revuelva y agregue el ajo machacado y el eneldo finamente picado.
8. Vierta el vinagre y revuelva.
9. Vierta esta mezcla sobre los pimientos picantes y el queso.
10. Cubrir con una tapa y dejar en el frigorífico unas horas.

10. Waffles de calabacín

PRODUCTOS NECESARIOS

- calabacín - 2 piezas
- huevos - 4 piezas
- harina - 6 cucharadas
- queso amarillo - 200 g
- sal - 1 pizca
- pimienta negra - 1/4 cucharadita. molino
- aceite - 30 ml

MÉTODO DE PREPARACIÓN

1. Pelar una calabaza, rallarla y exprimir el jugo. Agrega sal y deja por 10 minutos, luego escurre.
2. Batir los huevos, agregar la harina y la pimienta negra. Por último, añadir el queso amarillo rallado y el calabacín, que quedan bien exprimidos.
3. Remover y verter la masa en una gofrera, que se engrasa con aceite para que no se quemen. Hornee hasta que esté dorado y sirva caliente.

11. Calentado con brócoli y patatas

PRODUCTOS NECESARIOS

- brócoli - 1 cabeza mediana
- patatas - 500 g
- mantequilla - 50 g kr.
- queso - 100 g
- leche fresca - 200 ml
- queso amarillo - 100 g
- pan rallado - 20 g
- estragón - una pizca
- pizca de sal

MÉTODO DE PREPARACIÓN

1. Hervir las patatas sin pelarlas en agua con sal. Enfriarlos, pelarlos y cortarlos en círculos de unos 0,5 mm de grosor. Cocine al vapor la cabeza de brócoli rota durante no más de 7-8 minutos.

2. En la fuente de horno disponer los aros de patata y las rosas de brócoli, sazonar con estragón, espolvorear con el queso rallado (también se puede añadir queso azul), distribuir la mantequilla y verter sobre la leche.

3. Espolvoree con pan rallado y queso amarillo rallado (puede reemplazar el queso amarillo y el pan rallado con parmesano). Hornee en un horno precalentado durante unos 15 minutos hasta que estén doradas.

12. Ensalada griega con cuscús

PRODUCTOS NECESARIOS

- cuscús - 200 gramos
- pepinos - 1/2 pza.
- tomates - 2 piezas
- atún - 1 lata
- limones - 1 pieza
- pimienta
- perejil
- aceite de oliva

MÉTODO DE PREPARACIÓN

1. Hervir 400 ml de agua y salar. Vierta el cuscús y hiérvalo, revolviendo de vez en cuando.
2. Cuando el agua esté casi absorbida, retirar del fuego y tapar con una tapa.
3. Pelar un pepino y cortarlo en cubos, cortar también los tomates.
4. Vierta el cuscús con los pepinos y los tomates en un bol adecuado. Agrega el atún y el perejil picado.
5. Sazone la ensalada griega con jugo de limón, aceite de oliva, pimienta y sal.
6. Deje enfriar completamente y sirva con rodajas de limón.
7. La ensalada griega de cuscús está lista.

13. Limonada con menta

PRODUCTOS NECESARIOS

- limones - 1 pieza
- naranjas - 1 ud.
- lima - 1 pieza
- agua - 3 cucharaditas mineral
- menta - 3 hojas frescas
- miel - 2 cucharadas
- hielo
- limón - 2 rodajas, para decorar

MÉTODO DE PREPARACIÓN

1. Exprime el jugo de los tres cítricos en una jarra. Agregue agua y miel y revuelva.
2. Lavar las hojas de menta fresca y picarlas finamente. Agrégalos a la limonada.
3. Vierta en dos vasos, agregando cubitos de hielo a cada uno de los recipientes.
4. Adorne cada vaso con una rodaja de limón y sirva con una pajita.

14. Risotto con arroz negro y camarones

PRODUCTOS NECESARIOS

- arroz negro - 1 cucharadita.
- camarones - 100 g
- cebolla roja - 1 cabeza
- caldo de pollo - 500 ml
- vino blanco - 100 ml
- mantequilla - 50 g
- pimenton
- Sol
- parmesano - para espolvorear

MÉTODO DE PREPARACIÓN

1. Deje que el caldo de pollo hierva a fuego lento.

2. Limpiamos las gambas y las freímos en una sartén en la que hayamos precalentado aceite de oliva.

3. Condimentar con sal y pimiento rojo, freír durante unos 5-6 minutos por ambos lados, después de freír, ponerlos en un bol sobre una servilleta para escurrir.

4. En una sartén o cacerola, derrita la mitad de la mantequilla, agregue la cebolla morada finamente picada, sazone con dos pizcas de sal y fría durante unos 5 minutos.

5. Luego agregue el arroz negro y el vino. Remueve bien y poco a poco empieza a agregar el caldo de pollo.

6. Continúe revolviendo hasta que el arroz absorba todo el líquido y esté completamente listo, luego agregue el aceite restante y mezcle bien nuevamente.

7. Sirve el risotto en un plato mientras aún esté tibio y coloca los camarones encima.

8. Ojalá el risotto con arroz negro y camarones pueda rallar un poco de parmesano.

15. Albóndigas de calabacín al horno sin huevos

PRODUCTOS NECESARIOS

- calabacín - 1 kg
- cebolla - 2 tallos frescos
- avena - 150 g en rodajas
- perejil - 10 g de hojas
- queso - alrededor de 150 g (opcional)
- leche fresca - 4 - 5 cucharadas.
- sal - 1 cucharada.
- aceite de oliva - para espolvorear

MÉTODO DE PREPARACIÓN

1. Ralla los calabacines y mézclalos con 1 cucharadita de sal. Déjalos 1 hora para separar el líquido y luego escurre bien y exprime.
2. Este paso es importante y dependerá de qué tan espesa se vuelva la mezcla para tus albóndigas de calabacín, así que trata de escurrir muy bien.
3. Agrega 4 cucharadas al calabacín. de las rodajasavena, y la cantidad restante mayor dejar triturar en una licuadora.
4. Picar finamente las cebollas verdes frescas y el perejil. De todos modos ha ensuciado la licuadora para poder molerlos en ella.
5. Ponga todo en el calabacín, vierta la leche, agregue queso si lo desea y mezcle bien.
6. Si no ha escurrido el calabacín a la perfección, es posible que deba agregar más avena u otra harina para espesarlo y que sea fácil dar forma a las albóndigas de verduras.
7. Colóquelos en una bandeja, engrasada o cubierta con papel de hornear. Espolvorea con aceite de oliva y hornea hasta que esté dorado en un horno precalentado a 180 grados.
8. ¡Albóndigas fáciles, sabrosas y saludables!

9. Come albóndigas de calabacín en el horno sin huevos necesariamente calientes en el momento (pero no sobrecalentados) para disfrutar de su deliciosa corteza crujiente. Disfrute de su comida.

16. Sopa de jengibre con chirivía y apio

PRODUCTOS NECESARIOS

- aceite de oliva - 30 ml
- apio - 225 g
- jengibre - 25 g de raíz
- chirivía - 675 g
- vino blanco - 300 ml seco

- caldo - 1,2 litros de verduras
- pimienta
- crema
- pimenton

MÉTODO DE PREPARACIÓN

1. Caliente el aceite de oliva en una cacerola y agregue el jengibre y el apio pelados y picados.
2. Guisar durante 2-3 minutos y agregar las chirivías picadas. Guisar durante otros 7-8 minutos y verter el vino y el caldo.
3. Llevar a ebullición, reducir el fuego y cocinar durante 20-30 minutos.
4. Triturar la sopa, sazonar con sal y pimienta y servir con crema y pimentón.

17. Sopa fría de melón

PRODUCTOS NECESARIOS

- melón - 1 pieza talla mediana
- limones - 2 cucharadas jugo
- nuez moscada - 1 pizca
- manzanas - 80 g de jugo (tal vez naranja)
- pimienta

MÉTODO DE PREPARACIÓN

1. Corta el melón en dos partes y limpia el interior de las semillas. A continuación, pelar

una calabaza, rallarla y cortarla en trozos pequeños.

2. Triturar el melón junto con el jugo de limón y la nuez moscada. Sazone al gusto y diluya con jugo de manzana o naranja.

3. Refrigere por dos horas y sirva frío, adornado con hojas de menta fresca.

18. Filete de lubina en papel de aluminio

PRODUCTOS NECESARIOS

- mar bajo - 4 piezas filetes
- aceite - 450 g, para untar
- cebolla - 2 piezas, en rodajas finas
- ajo - 1 diente, triturado
- alcaparras - 1 cucharada.
- tomates - 6 piezas, en rodajas
- aceitunas - 4 piezas negro (corte)
- cáscara de limón - de 1 limón
- jugo de limón - de 1 limón
- pimiento rojo - 1 cucharadita.
- Sol

- pimienta
- perejil - para espolvorear

MÉTODO DE PREPARACIÓN

1. Precaliente el horno a 200 grados.
2. Corta los trozos de papel de hornear, lo suficientemente grandes para envolver los trozos de pescado. Luego engrasar cada uno de los filetes de pescado con aceite y espolvorear generosamente con sal y pimienta.

3. Espolvorea con cebolla picada, ajo, tomate, alcaparras, aceitunas y ralladura de limón. Rocíe con jugo de limón y espolvoree con pimentón.
4. Envuelva el papel de aluminio y hornee los filetes de lubina en el horno durante unos 15-20 minutos. Retirar el papel de aluminio y servir el pescado espolvoreado con perejil.

19. Crema de verano con mascarpone, nata y fruta.

PRODUCTOS NECESARIOS

- yogur - 100 gramos
- pastel viejo - 8 cucharadas. un poco
- mascarpone - 250 gramos
- crema agria - 200 gramos
- bayas - arándanos y fresas
- azúcar - 5 cucharadas.

MÉTODO DE PREPARACIÓN

1. Vierta el mascarpone con el yogur, la crema agria y el azúcar en un bol hondo.

2. Mezclar bien y guardar la crema en el frigorífico.
3. Pelar y picar las fresas en trozos pequeños.
4. Prepare tazas o tazones adecuados. Ponga 2 cucharadas de migas de bizcocho viejo en el fondo (si no tiene, rompa las galletas).
5. Vierta la nata sobre las migas, una hilera de frutos rojos, de nuevo una hilera de nata y finalmente termine de nuevo con fruta.
6. Adorne la crema de frutas con hojas de menta fresca.
7. Si lo desea, puede agregar una cucharada de miel a cada crema.
8. La crema de verano con mascarpone, nata y fruta está lista.

20. Judías verdes con papas al horno

PRODUCTOS NECESARIOS

- patatas - 1 kg.
- judías verdes esterilizadas 1 frasco
- cebolla - 3 cabezas
- pimientos - 2 piezas
- zanahorias - 2 piezas
- petróleo
- Sol
- orégano
- tomillo
- taros

- sabroso
- pimenton

MÉTODO DE PREPARACIÓN

1. Cortar las patatas en rodajas y colocar 1/3 lo suficiente en la sartén engrasada para cubrir el fondo, dispuestas una al lado de la otra.
2. Vierta las judías verdes, los pimientos, las zanahorias y las cebollas encima. Espolvorea con especias y aceite. Coloque los 2/3 restantes de las papas encima, colocándose una debajo de la otra, como un abanico. Espolvorear con especias y untar con un poco de aceite por encima. Agrega un poco de agua.
3. Hornee en un horno precalentado.
4. Se vuelve como moussaka y es muy hermoso.

21. Calamares con arroz y nata

PRODUCTOS NECESARIOS

- calamar - tubos de 300 g
- cebolla - 1 cabeza, cebolla
- ajo - 2 dientes
- hinojo - ½ conexión
- arroz - 300 g
- queso amarillo - 80 g
- crema - 150 g
- aceite - 2 cucharadas
- pimienta negra - al gusto
- sal al gusto

MÉTODO DE PREPARACIÓN

1. Poner en un cazo el arroz lavado con agua fría, verterlo con agua hirviendo, agregar sal y cocinar por 20 min. A fuego lento.

2. Lavar los calamares, secarlos, cortarlos en aros, ponerlos en agua hirviendo y después de 2 minutos exprimirlos en un colador.

3. Calentar el aceite en una sartén, freír en él durante 3-4 minutos cebolla finamente picada, ajo machacado y medio eneldo picado.

4. Agrega los calamares, cocina todo por 1 minuto sin dejar de remover, luego vierte la nata, sazona con sal y pimienta y cuece por 2 minutos más.

5. Extienda el arroz escurrido en forma de corona sobre los platos, vierta los calamares en el medio, espolvoree con queso amarillo rallado grueso y espolvoree el resto del eneldo picado.

22. Besugo frito en una sartén

PRODUCTOS NECESARIOS

- besugo - 1 pieza
- aceite de oliva - 2 cucharadas
- Sol
- pimienta

Para esparcir

- aceite de oliva - 2 cucharadas
- ajo - 1 diente
- perejil

MÉTODO DE PREPARACIÓN

1. Para esta deliciosa fritura en una sartén, lavar el pescado y espolvorear con sal y pimienta.
2. Picar finamente el perejil y el ajo. Mezclar con aceite de oliva y una pizca de sal.
3. Revuelva y reserve.
4. En una sartén caliente con un poco de aceite de oliva, sofreír el besugo por ambos lados, y justo antes de que esté listo untar con un cepillo de silicona de la mezcla de perejil.
5. Retire y sirva el pescado frito inmediatamente mientras esté caliente.

23. Quinua con verduras

PRODUCTOS NECESARIOS

- quinua - 1 cucharadita
- agua - 3 cucharaditas
- maíz - ½ cucharadita.
- aceite de oliva - 3 cucharadas
- ajo - 3 dientes
- pimientos - 1 pieza rojo
- comino - ½ cucharadita
- orégano - 1 cucharadita seco
- cebollas verdes - 2 tallos
- pimienta

MÉTODO DE PREPARACIÓN

1. Hervir la quinua en agua con sal durante 20 minutos. Escurrir y dejar enfriar.
2. Mientras tanto, calentar el aceite de oliva y sofreír los ajos durante 2 minutos. Agregue la pimienta y el maíz, continúe cocinando a fuego lento durante otros 5 minutos. Condimente con comino, orégano, sal y pimienta.
3. Cocine por 1 minuto más y agregue a la quinua. Espolvorea con cebollas verdes picadas. Sirva el plato caliente o frío.

24. Camarones en el Mediterráneo

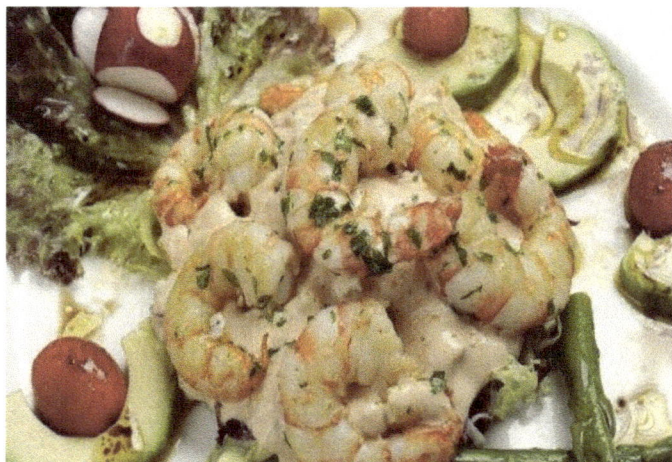

Productos necesarios

- camarones - 20 piezas grande
- aceite de oliva - 3 cucharadas
- ajo - 1 diente
- limones - jugo y cáscara de 1/2 pc.
- Romero

PARA LOS DIPS

- yogur - 1150 ml
- pesto - 1 cucharada
- crema - 150 ml
- tomates secos - 1 cucharada. pasta

- mostaza - 1 cucharada. grano integral
- pimienta
- limones - para decorar

MÉTODO DE PREPARACIÓN

1. Mezclar 2 cucharadas. aceite de oliva con ajo, cáscara de limón y jugo, agregue 1 ramita de romero y agregue los camarones. Déjelos marinar en el frigorífico.
2. Mezcle la leche agria y el pesto en un tazón y la pasta de tomate, la crema y la mostaza en otro para hacer salsas. Condimentar con sal y pimienta.
3. Calentar el aceite de oliva restante en un wok y sofreír los camarones durante 3-4 minutos. Adorne con rodajas de romero y limón, sirva con ambas salsas.

25. Pasta con espinacas y carne picada

PRODUCTOS NECESARIOS

- pegar - 1 paquete de su elección
- carne picada - 500 g
- espinacas - 500 g
- pimienta
- pimienta blanca
- Sol
- aceite - 50 ml
- vino blanco - 100 ml

MÉTODO DE PREPARACIÓN

1. Hierva la pasta de acuerdo con las instrucciones del paquete en abundante agua. Escúrrelo.
2. Calentar la grasa en una sartén y freír la carne picada hasta que se desmorone bien y quede grasosa. Agrega el vino y espera a que se evapore. Luego sazone con sal ambos tipos de pimiento.
3. Cocer por separado en grasa y un poco de agua las espinacas, que previamente habrás limpiado y cortado. Finalmente, se condimenta con especias y, si se desea, con un poco de pimiento rojo.
4. Mezclar la pasta, las espinacas y la carne picada en una sartén grande y sofreír todo junto unos minutos más, revolviendo bien.

26. Tomates rellenos al horno

PRODUCTOS NECESARIOS

- tomates - 4 grandes
- sal al gusto
- pimienta negra - al gusto
- ajo - 2 dientes
- pan - 4 rebanadas
- alcaparras - 2 cucharadas, enjuagadas
- pimientos - 300 g, cortados por la mitad y limpios de semillas
- albahaca - fresca 1 enlace
- parmesano - 1/2 taza (60 g)

- aceite de oliva - 4 cucharadas

MÉTODO DE PREPARACIÓN

1. Cada tomate se corta en dos mitades horizontalmente. Luego, el interior de los tomates se limpia y se sala.
2. Colocar en un colador con la parte cortada hacia abajo y dejar escurrir unos 30 minutos. Batir el pan, el ajo, las alcaparras, los pimientos y la albahaca con una batidora o batidora hasta que estén finamente picados. Espolvorear con sal y pimienta.
3. Rellena los tomates con la mezcla resultante y tritura las otras dos rodajas sobre ellos. Espolvorea los tomates rellenos con queso parmesano y agrega un poco de aceite de oliva. Hornee durante unos 20 minutos o hasta que esté horneado por encima.

27. Camarones en salsa de crema agria

PRODUCTOS NECESARIOS

- camarones - 800 g (limpios)
- aceite de oliva - 3 cucharadas
- vino blanco - 1 cucharadita.
- ajo - 4 dientes
- Sol
- pimienta
- crema agria - 1 cucharadita.
- perejil

MÉTODO DE PREPARACIÓN

1. Guisar los camarones con aceite de oliva, revolviendo constantemente. Condimentar con sal y pimienta. Sirve el vino. Cocine por unos 15 minutos.

2. Añadir la nata y dejar al fuego unos 2-3 minutos más. Picar finamente el ajo y verterlo en el plato. Revuelva y retire del fuego.

3. Sirve los camarones espolvoreados con perejil finamente picado.

28. Berenjenas marinadas

PRODUCTOS NECESARIOS

- berenjenas - 12 piezas bebé
- aceite de oliva - 250 ml
- jugo de limón - de 1 ud.
- vinagre balsámico - 30 ml
- ajo - 3 dientes
- nueces de cedro - 25 g
- pasas - 25 g
- azúcar - 1 cucharada.
- hoja de laurel - 1 pieza

- pimientos picantes - 1 pizca de secos
- pimienta

MÉTODO DE PREPARACIÓN

1. Calentar la parrilla. Cortar las berenjenas por la mitad y sofreírlas con un poco de aceite de oliva.
2. Para hacer la marinada, mezcle el aceite de oliva restante con el resto de productos y mezcle muy bien.
3. Verter sobre las berenjenas y dejar enfriar, dándoles la vuelta de vez en cuando. Sírvelos fríos.

29. Mariscos con arroz al horno

PRODUCTOS NECESARIOS

- mariscos - 1 calamar, 200 g de camarones, 400 g de mejillones
- arroz - 400 g
- cebolla - 3 cabezas
- ajo - 5 dientes
- vino - 100 ml blanco
- pimienta negra - 1 cucharadita. igual
- cúrcuma - 1 cucharada igual
- Sol
- aceite - 80 ml

MÉTODO DE PREPARACIÓN

1. Enjuague el arroz con agua fría y escurra. Calentar la mitad del aceite y freír la cebolla picada en un bol grande.

2. Una vez frito añadir el ajo picado y el pelado y cortado en rodajas. mariscos (mejillones con concha). Finalmente, agregue el vino y espere a que se evapore, aderezando con especias.

3. Vierta el arroz en una sartén engrasada, agregue las verduras del mar, una pizca de cúrcuma y más especias. Añadir agua en una proporción de 1: 3 arroz-agua y hornear hasta que esté cocido.

30. Bacalao asado con tomate y huevos

PRODUCTOS NECESARIOS

- bacalao - 1 kg de filete
- tomates - 8 piezas
- huevos - 3 piezas
- leche fresca - 1 y 1/4 cucharadita.
- cebolla - 2 cabezas
- harina - 1 cucharada.
- aceite de oliva - 2 cucharadas
- limones - 1 pieza
- crema - 300 g
- sal - 2 pizcas

- pimienta negra - 1/4 cucharadita. molino
- perejil - 4 tallos
- mantequilla - 1 cucharada.

MÉTODO DE PREPARACIÓN

1. El pescado se corta en trozos. Se exprime el limón y los trozos de pescado se espolvorean con jugo de limón, luego se espolvorean con sal y pimienta. Pica finamente la cebolla.
2. Los huevos se hierven, se pelan y se pican finamente. Mezclar con cebolla picada, leche, harina y aceite de oliva. Corta los tomates en rodajas.
3. En una sartén engrasada ponga una hilera de pescado, una hilera de tomates. Vierta la mezcla de huevo encima y hornee por 35 minutos en un horno precalentado a 220 grados.
4. Retirar del horno, espolvorear con perejil finamente picado y servir con crema.

31. Pan aromático con nueces

PRODUCTOS NECESARIOS

- harina de escama - 150 g
- harina integral - 150 g
- semillas de calabaza - 2 cdas.
- tomates secos - 4 piezas
- nueces - 3 cucharadas. aplastada
- avena - 4 cucharadas.
- harina de linaza - 1 cucharada.
- comino - 1/2 cucharadita
- ajo - 3 dientes
- aceitunas - 10 piezas deshuesado

- aceite de oliva - 3 cucharadas
- albahaca - 1 pizca
- refresco - 1 cucharadita
- vinagre - 1 cucharadita
- aceite - ½ k.ch.
- agua caliente - 1/2 cucharadita. amasar la masa

MÉTODO DE PREPARACIÓN

1. En un bol mezclar todas las harinas y tamizarlas. Apaga el refresco en el vinagre.
2. Hacemos un pozo en la harina tamizada y le echamos el refresco apagado. A continuación, picar finamente los tomates, las aceitunas y añadirlos a la harina.
3. Agrega las nueces, el comino, la albahaca, las semillas de calabaza, el ajo finamente picado y la grasa. Remueve y vierte el agua amasando la masa de pan.
4. En una sartén engrasada, dejar el pan y pinchar con un tenedor en varios lugares.
5. Lo dejamos por 20 minutos. Hornee en un horno precalentado a 180 grados durante 30 minutos.

32. Alcachofas rellenas asadas

PRODUCTOS NECESARIOS

- alcachofa - 6 cabezas grandes (1 kg en estado sin limpiar)
- chalotes - 2-3 piezas
- jamón - 75 gramos
- mantequilla - 25 gramos
- aceite de oliva - 15-20 ml
- cheddar - 80 g (o queso amarillo)
- jugo de limón - 40-50 ml
- brandy - 3-4 cucharadas.
- queso crema - 150-200 gramos (lata de mascarpone)

- Romero

MÉTODO DE PREPARACIÓN

1. Retire el tallo y las hojas exteriores duras de las cabezas de alcachofa.
2. Espolvoréalos con un poco de jugo de limón para evitar que se oscurezcan.
3. Pasarlos a una cacerola y llenarlos de agua, sazonar con sal y el resto del jugo de limón. Hervir durante 10 minutos desde el momento de hervir el líquido y retirarlos.
4. Vuelva a colocarlos sobre papel de cocina para que escurran bien.
5. Presiónelos ligeramente para que se disuelvan.
6. Para el relleno, saturar la cebolla y guisarla en mantequilla y aceite de oliva. Agrega el jamón picado y después de una cocción corta verter el brandy y el romero.
7. Cuando el alcohol se evapore, retira del fuego. Dejar enfriar casi por completo y añadir el queso crema.
8. Poner las alcachofas en una sartén y espolvorear con un poco de sal y aceite de oliva. Vierta un poco de agua en el fondo de la sartén y hornee por 10 minutos en un horno precalentado a 200 grados.

9. Retirar del horno y rellenar la alcachofa con el relleno. Rallar el queso cheddar por encima y hornear brevemente hasta que el queso se derrita.

10. Espolvoree con las especias verdes de su elección y sirva.

33. Pollo con tomates y pimientos

PRODUCTOS NECESARIOS

- muslos de pollo - 500 gramos deshuesados
- pimientos - 2 rojos + 1 verde
- tomates - cubos de 300 g (enlatados)
- ajo - 2 dientes
- cebolla - 1 cabeza
- comino - 1 cucharadita
- chile - 1/2 cucharadita. escamas
- pimienta negra - 1/2 cucharadita.
- orégano - 1/2 cucharadita
- puré de tomate - 1 cucharada.
- aceite - 1 cucharada.

MÉTODO DE PREPARACIÓN

1. Pelar y picar los ajos, los pimientos y las cebollas.
2. Por separado, corta las piernas de pollo en trozos pequeños.
3. Encienda el programa de freidora multicocina y caliente el aceite.
4. Freír el pollo y después de unos 5 minutos añadir el ajo y las especias.
5. Mezclar los productos y guisar durante 2 minutos, luego agregar los pimientos y las cebollas.
6. Corta los tomates en cubos y añádelos a la multicocina junto con el puré de tomate.
7. Encienda el aparato y cocine lentamente durante unas 3 horas. Hacia el final, sazone el pollo guisado con sal.
8. Sírvelo caliente, y una guarnición adecuada para este plato de patatas asadas, arroz hervido u otro de tu elección.
9. El pollo con tomates y pimientos está listo.

34. Camarones con empanizado de parmesano

PRODUCTOS NECESARIOS

- camarones - 20 piezas
- pan rallado - 50 g
- parmesano - 50 g
- huevos - 2 piezas
- ajo - 2 dientes
- salsa de soja - 4 cucharadas.
- aceite de oliva - 4 cucharadas

MÉTODO DE PREPARACIÓN

1. Se mezclan el aceite de oliva y la salsa de soja. Picar finamente el ajo y agregarlo a la marinada. Los camarones se limpian y se cubren con la marinada.

2. Dejar reposar 30 minutos en frío. Se mezclan el pan rallado y el parmesano rallado. Los camarones se escurren del adobo y se ensartan en brochetas de madera, que se remojan previamente en agua.

3. Derretir los camarones en los huevos batidos, enrollarlos en el pan rallado y colocarlos en una bandeja forrada con papel de horno. Hornee por 3 minutos a 220 grados, voltee y hornee por otros 4 minutos.

35. Ternera con vino tinto

PRODUCTOS NECESARIOS

- ternera - 900 g
- cebolla - 350 g (cabezas pequeñas)
- tomates - 4 piezas
- zanahorias - 2 piezas
- ajo - 2 dientes
- limones - 1 pieza
- vino tinto - 300 ml
- caldo - 150 g
- harina - 4 cucharadas.
- perejil - 1 cucharada

- albahaca
- tomillo
- aceite de oliva
- pimienta

MÉTODO DE PREPARACIÓN

1. Cortar la carne en cubos, sazonar con sal y pimienta, enrollarlos en harina y luego freírlos en aceite de oliva caliente en una cacerola grande. Déjalos freír unos 10 minutos, revolviendo para que se frían bien. Escurrir y reservar.

2. Freír hasta que estén doradas la cebolla, el ajo finamente picado y las zanahorias en rodajas finas. Guisar durante 10 minutos, revolviendo.

3. Ponga la carne, agregue el vino tinto y revuelva con una espátula de madera.

4. Vierta el caldo, agregue los tomates pelados y finamente picados, la ralladura de 1 limón, el tomillo y la albahaca.

5. Llevar a ebullición, agregar sal y pimienta, tapar y dejar el plato a fuego lento durante unas 2 horas.

36. Brochetas mediterráneas con gambas

Productos necesarios

- camarones - 20 piezas real
- limones - 1 pieza
- lima - 1 pieza
- aceite de oliva - 6 cucharadas + para lubricación
- calabacín - 1 pieza sin semillas
- perejil - 6 tallos
- pimienta negra - 2 pizcas
- Sol

- albahaca - 5 hojas, fresca
- ajo - 2 dientes

Método de preparación

1. El primer paso para preparar brochetas mediterráneas con camarones es pelar y limpiar el marisco.
2. Use un cuchillo para picar ligeramente los camarones a un lado para quitar el nervio. A continuación, corta el calabacín en tiras largas. También puedes usar un pelador.
3. Saturar con perejil, albahaca y ajo. Divídalos en dos partes: en la primera mitad agregue un poco de cáscara de limón y jugo de limón. En la otra parte, lo mismo, pero con lima.
4. Agregue pimienta, sal y aceite de oliva a ambos tazones. Vierta el cuenco de lima sobre los camarones y el cuenco de limón sobre el calabacín. Déjelos por 15 minutos.
5. Tomar los camarones marinados y ensartarlos en brochetas, agregar los rollos de calabacín.
6. Hornea las brochetas con camarones por ambos lados durante 1 minuto o hasta que estén doradas.
7. Sírvelos en compañía de una copa de vino blanco aromático.

37. Albóndigas de calabacín asadas

Productos necesarios

- calabacín - 2 piezas de tamaño mediano
- huevos - 2 piezas
- harina de maíz - 1 cucharadita.
- queso - 150 g de requesón o requesón triturado
- cebolla fresca - 3 tallos finamente picados / tal vez cebolla silvestre /

- ajo verde - 1 tallo finamente picado
- pimienta
- eneldo
- Sol
- queso amarillo - para espolvorear

Para la salsa

- yogur - 1 cucharadita
- eneldo - 3-4 tallos
- ajo - 2 dientes

Método de preparación

1. Lavar los calabacines y secarlos, luego rallarlos con un rallador fino. Sin escurrir, agregue los huevos, la cebolla picada y el ajo y revuelva.
2. Agregue la harina de maíz / primero unos 150 /, el queso / requesón y las especias. Mezclar bien y, si es necesario, agregar más harina.
3. Raspa la mezcla con una cuchara de helado y coloca las albóndigas en una bandeja para horno con papel pergamino.
4. Hornee las albóndigas de calabacín en un horno precalentado hasta que estén bien doradas. Luego espolvorea con queso rallado y regresa al horno para hornear.

5. Puedes servir estas albóndigas con salsa de leche, aderezadas con un poco de ajo picado y cebollino o eneldo.

38. Patatas al horno con calabacín y bechamel

Productos necesarios

- calabacín - 2 piezas
- patatas - 500 g
- aceite de oliva
- sal al gusto
- eneldo - 1 pizca

PARA BÉCHAMEL

- mantequilla de vaca - 80 g
- leche fresca - 300 ml
- harina - 2 cucharadas.
- parmesano - 50 g rallado
- nuez moscada

Método de preparación

1. Cortar las patatas lavadas y el calabacín en cubos en una sartén y sazonar con sal, aceite de oliva y eneldo.
2. Echar agua y ponerlas a imprimir hasta que hierva el líquido.
3. Mientras tanto, prepara la bechamel.
4. Derrita la mantequilla en una cacerola pequeña, agregue 2 cucharadas. enharinar y freír.
5. Luego vierte toda la leche y revuelve hasta que la salsa espese. Condimente con nuez moscada.
6. Vierta las verduras asadas con él y espolvoree con queso parmesano rallado previamente.
7. Poner los platos de verduras al horno a 180 ° C hasta que estén listos.
8. Las patatas al horno con calabacín y bechamel son muy sabrosas.
9. ¡Disfrute de su comida!

39. Ostras a la parrilla

Productos necesarios

- ostras - 12 piezas Pacífico
- mantequilla - 50 g
- ajo - 2 dientes
- pan rallado - 3 cucharadas.
- perejil - 1 ración
- sal al gusto
- pimienta negra - al gusto
- mar sal - gruesa para el sustrato

Método de preparación

1. Cubra las ostras con agua fría y cocine a fuego lento hasta que las conchas se disuelvan. Dejar enfriar.

2. La parrilla se calienta a una temperatura alta. El ajo machacado y el pan rallado se mezclan con la mantequilla y se mezclan bien. Agrega el perejil, una pizca de sal y pimienta negra.

3. Cubre una sartén con sal marina. Abrir las ostras con cuidado, colocar la pulpa en la concha más grande y desechar la otra. Cubrir con mantequilla y especias. Hornee por unos 2 minutos.

40. Crema de guisantes y apio

Productos necesarios

- cebolla - 2 cabezas
- apio - 50 g
- aceite - 60 ml
- guisantes - 800 g (congelados)
- mar sal - ½ cucharadita
- harina - 2 cucharadas. maíz
- pan - 4 rebanadas de comida entera

Método de preparación

1. Pica finamente la cebolla y el apio y sofríe durante cinco minutos. Agregue los guisantes, cubra con una tapa y agregue sal.

2. Guisar durante 30 minutos a fuego lento. Colar todo y añadir 500 mililitros de agua hirviendo.

3. Freír la harina en un poco de grasa, agregar agua tibia y agregar la mezcla a la sopa.

4. Llevar a ebullición durante 2 minutos y servir con crutones hechos con pan tostado y cortado en cubitos.

41. Brócoli con champiñones

Productos necesarios

- cebollas verdes - 2 manojos
- champiñones - champiñones frescos 500 g.
- brócoli - 1 kg.
- limones - 2 piezas
- aceite de oliva - prensado en frío - 200 ml.
- aceite de oliva - 100% puro - 100 ml.
- albahaca

Método de preparación

1. Cortar la cebolla fresca y guisarla en aceite de oliva 100% puro. Agregue los champiñones frescos a la cebolla guisada y cocine hasta que los champiñones se ablanden. A continuación,

pica el brócoli en trozos y agrégalos también a la mezcla. Pasados los 10 minutos, retiramos del fuego y dejamos reposar.

2. Prepare una salsa con el jugo de 2 limones, 200 ml. aceite de oliva prensado en frío y albahaca fresca (seca) al gusto.

3. Agrega la salsa al guiso y sal.

42. Albóndigas de calamar

Productos necesarios

- calamar - 400 g
- huevos - 2 piezas
- cebolla - 1 cabeza

- aceite - 2 cucharadas
- pan - 1 rebanada
- leche fresca - ¼ de cucharadita.
- pimienta

Método de preparación

1. Tubos de calamar lavados y limpios, sobre los que hemos quitado la piel y el hueso, trituramos en una máquina con cebollas.
2. Mezclar la carne picada con 1 huevo batido y el pan, sal y pimienta remojados en agua y mezclar bien.
3. Formamos pequeñas albóndigas, que sumergimos en un huevo y luego en un bizcocho y las freímos por ambos lados hasta que cojan una costra.
4. Sirva con puré de papas y salsa de su elección.

43. Judías verdes con queso

Productos necesarios

- cebolla - 1 cabeza, finamente picada
- ajo - 1 diente, finamente picado
- aceite - 3 1/2 cucharadas.
- aceite de oliva - 2 cucharadas
- sal al gusto
- pimienta negra - al gusto
- judías verdes - 350 g.
- queso - 300 g

Método de preparación

1. Sofreír la cebolla y el ajo durante unos 3 minutos. Agrega las judías verdes, la sal y espolvorea con pimienta.
2. Mantener en el fuego durante unos 15 minutos o hasta que los frijoles se ablanden. Se agrega agua si comienza a pegarse.
3. Agrega el queso y deja en el fuego hasta que se derrita el queso.

44. Salmón con romero y ajo al horno

Productos necesarios

- salmón - 4 piezas chuletas
- mantequilla - 2 cucharadas
- romero - 6 dientes
- limones - 1 pieza
- ajo - 2 dientes
- aceite de oliva

Método de preparación

1. Machacar el ajo, mezclar con sal y mantequilla. Agrega romero. Unte la mezcla

resultante sobre el salmón. También puede agregar especias si lo desea.

2. Corta el limón en rodajas y colócalo en una sartén engrasada. Pon el pescado encima. Si quieres puedes poner romero en las chuletas.

3. Hornea el salmón durante 20 minutos a 200 grados. No es bueno estar demasiado tostado para mantenerse jugoso.

4. Espolvorea el pescado al horno con un poco de aceite de oliva y sal Maldon gruesa.

5. Sirve el salmón con romero y ajo al horno con una ensalada de tu elección o una guarnición de papa.

45. Salmón asado en papel de aluminio

Productos necesarios

- salmón - 2 piezas 400 g de filete / grande con piel /
- apio - 2 cucharadas al polvo
- ajo - 2 cucharadas al polvo
- cebolla - 2 cucharadas seco
- limones - 1 pieza medio, jugo
- perejil - para espolvorear
- cebollino - 5-6 tallos
- aceite de oliva - 6 cucharadas
- sal al gusto
- pimienta blanca - 2 pizcas

Método de preparación

1. Bien lavar el salmón y secarlo con exceso de agua. Coge una bandeja de horno, ponle papel de aluminio y engrasa con aceite de oliva. Pon los filetes boca abajo.

2. Frote la parte superior del salmón con el ajo y la cebolla seca. Agrega pimienta blanca, sal, aceite de oliva y perejil. Envuelva el papel de aluminio.

3. Hornea el pescado en un horno a 200 grados, precalentado, durante 20 minutos. Si desea hornear más, puede aumentar los minutos de cocción. De lo contrario, se vuelve más tierno y jugoso.

4. Si los filetes son más finos, cocine por menos de 20 minutos, es cuestión de gustos.

5. La función del papel de aluminio es preservar el sabor y el jugo del pescado. Esto lo hace más delicioso. También puede cocinar salmón asado sin el papel de aluminio para formar una costra.

6. Finalmente, espolvorear el salmón asado en papel de aluminio con jugo de limón y servir tibio.

7. ¡Disfrute de su comida!

46. Pasta con atún y nata

Productos necesarios

- pasta - 1/2 paquete
- agua - 2 litros
- atún - 1 lata, filete
- crema - 100 ml, líquido
- queso derretido - 100 g
- pimienta negra - 2 pizcas, molida
- aceite de oliva - 1 cucharada
- orégano - 1 pizca, seco

- albahaca - 1 pizca, seca

Método de preparación

1. Hervir la pasta hasta que esté lista en el agua. Escúrrelos y viértelos en una olla de teflón. Agrega el aceite de oliva y sofríe durante 1-2 minutos, revolviendo constantemente.
2. Agrega la nata, el queso derretido, la sal, la albahaca. pimienta negra, orégano y atún escurrido. Cocine por otros 10 minutos y retire la pasta con pescado del fuego.
3. Vierta inmediatamente el plato de pasta en un plato y sirva.
4. Pasta con atún y nata para los amantes de los platos de pescado.

47. Sopa de tomate con patatas y ajo

Productos necesarios

- aceite de oliva - 1 cucharada
- cebolla - 1 cabeza (finamente picada)
- ajo - 4 dientes (triturados)
- patatas - 1 pieza (grande)
- pimiento rojo - 1 cucharadita.
- tomates - 400 g finamente picados
- tomillo - 1 cucharadita recorte
- caldo - 3 3/4 cucharaditas. verduras
- harina de maíz - 1 cucharadita.
- Sol
- pimienta negra - 1 pizca

Método de preparación

1. Caliente el aceite de oliva en una sartén grande. Agrega la cebolla picada, el ajo, las papas y el pimiento rojo. Fríelos durante unos cinco minutos hasta que las cebollas estén blandas, pero no espere a que se doren.

2. Agrega los tomates, el tomillo y el caldo. Lleve la mezcla resultante a ebullición y retire la grasa. Deje que la sopa hierva a fuego lento durante unos 15-20 minutos.

3. Mezclar la harina de maíz con un poco de agua en un bol para ensuciar. Viértelo en la sopa. Revuelva bien y deje que la sopa hierva a fuego lento durante 5 minutos hasta que espese.

4. Sirve la sopa preparada de esta manera tibia a tus invitados.

48. Pulpo con tomate y pimientos asados

Productos necesarios

- pulpo - 1 pieza
- caldo - 1 litro de verduras
- cebolla - 2 cabezas
- ajo - 4 dientes
- aceite de oliva - 3 cucharadas
- tomates - 4 piezas
- hoja de laurel - 1 pieza
- vino tinto - 1 cucharadita.
- pimientos - 4 piezas horneado
- Sol
- pimienta

- perejil

Método de preparación

1. Hervir el pulpo en el caldo de verduras.
2. Picar finamente la cebolla y el ajo y sofreírlos. Agrega las rodajastomates y laurel. Condimentar con sal y pimienta.
3. Cortar el pulpo y ponerlo en la mezcla. Sirve el vino. Cocine por 20 minutos.
4. Sirva el plato espolvoreado con pimientos asados y perejil picados en trozos grandes.

49. Ensalada de pepino y ricotta

Productos necesarios

- pepinos - 1 pieza
- vermú - 2 cucharadas. rojo
- estragón - 1 cucharada.
- eneldo - 1 cucharada, finamente picado
- cebolletas - 1 cucharada.
- mostaza - 1/2 cucharadita, en polvo
- pimienta negra - 1/2 cucharadita.
- sal - 1/4 cucharadita.
- ricotta - 1 1/2 cucharadita. (350 g)

Método de preparación

1. Corta el pepino en rodajas finas. Escaldar en agua con sal durante 1 minuto.
2. Batir el vermut, el estragón, el eneldo, la cebolla, el pimiento, la mostaza en polvo y la sal.
3. Pon el pepino en la marinada. Agrega el queso y mezcla bien.

50. Tortilla con pasta, jamón y pimientos

Productos necesarios

- pasta - 200 g pequeña, hervida
- jamón - 120 g
- pimientos - 3 rojos frescos
- cebolla - 3 cabezas grandes, cebolla
- perejil - ½ conexión
- huevos - 8 piezas
- crema - 125 ml
- mantequilla - 40 g de vaca
- pimienta negra - al gusto
- sal al gusto

Método de preparación

1. En una sartén grande, caliente la mantequilla, agregue las cebollas y los pimientos finamente picados y cocine a fuego lento durante 10 minutos, revolviendo ocasionalmente.

2. Agrega la pasta escurrida y el jamón cortado en cubitos, espolvorea con pimienta y sal al gusto, mezcla todo con cuidado y vierte sobre los huevos batidos la nata, la pimienta y la sal.

3. Tape la sartén, cocine durante 13-14 minutos a fuego lento, luego espolvoree la tortilla con perejil finamente picado, córtelo, extiéndalo en platos y sirva inmediatamente.

CONCLUSIÓN

Para quienes deciden empezar a hacer la Dieta Mediterránea ya sea para seguir un plan de alimentación más saludable y equilibrado o para adelgazar y mejorar su salud, es recomendable empezar siempre con un plan que incluya menús equilibrados según la Pirámide indicada en este artículo. .

La combinación adecuada de diferentes alimentos es fundamental para alcanzar una dieta equilibrada y lograr un cambio en los hábitos alimentarios. Y si llevas una vida sedentaria, es fundamental sumar al plan la actividad física diaria según condición física, edad y sexo, evitando el ayuno o incluyendo suplementos dietéticos. Además, es fundamental consultar a tu médico antes de iniciar una dieta, sobre todo si quieres adelgazar de forma saludable.

Lightning Source UK Ltd.
Milton Keynes UK
UKHW022207090921
390243UK00008B/233

9 781803 500119